La isla que navega

Homenaje a Eduardo Chillida

Colección Poesía

L **2** J

trépanos
editorial

La isla que navega

Homenaje a Eduardo Chillida

Eduardo Iglesias

Epílogo de Susana Chillida

trépanos
editorial

Colección Poesía, 2

Publicado por Trépanos

info@trepanos.es

www.trepanos.es

© de las obras: Zabalaga Leku, VEGAP, Donostia - San Sebastián, 2026

© del texto y poemas 2026 de Eduardo Iglesias

© del epílogo 2026 de Susana Chillida

© de la edición, el diseño y la maquetación 2026 de Trépanos

ISBN: 979-13-990890-5-9

DEPÓSITO LEGAL: LG D 35-2026

Impreso en España

PRIMERA EDICIÓN *febrero de 2026*

FSC
MIXTO
Papel
FSC® C218022

Índice

A Eduardo Chillida

Él me decía «la percepción»; «sin percepción no hay arte»
y yo le decía que sin la imaginación tampoco. Para él estaba antes la
percepción en la creación y le preguntaba por qué yo podía
creer más en la imaginación que estaba muy cercana al presente
pues en ese instante de la creación se perdía el tiempo.
Y él entonces me decía: «sigue tu intuición, la intuición del instante».
Y así transcurrían nuestras conversaciones, que surgían de la
inmediatez de la ocurrencia y de lo ocurrido. Y yo me sentía muy
cercano al mundo, a la vida, al momento. Y su arte me llevaba al
concepto que fui adquiriendo de la escritura. Y al caminar por los
parajes de la naturaleza me daba cuenta de que me sentía
cercano a él, en los silencios y en las visiones y sus
interpretaciones tan sabias y sencillas; para mí, únicas.
La enseñanza del mejor maestro.

A él están dedicados estos poemas que surgieron en nuestra
casa de Quatre Vents en Menorca donde años antes
él y yo hablábamos de la poesía, de las cosas
y de las personas que los dos amábamos.

Óxido G-302 (1994)

Invitación al viaje,
movimiento de la imaginación

Me acerco a una gran pared, a una enorme pared vertical. A lo lejos diviso pequeñas aberturas en su superficie, como ventanas o puertas abiertas hacia una cavidad posterior. Me produce cierto temor aproximarme a ese monolito, especie de edificio natural. Sigo adelante. Avanzo. Adopto una postura de soldado. Puede haber defensores cavernarios en su interior, huestes armadas. Oigo mis pisadas. Hay un gran silencio cuando llego a su base. Toco y apoyo todo mi cuerpo en la pared de tierra. Miro hacia arriba. Veo el límite del crestón recortarse en el gran espacio y siento por momentos una gran presión. Lo sagrado me imbuye y hace que continue mi marcha por este valle de farallones de tierra. Es extraño; siento que avanzo por un paisaje de singulares proporciones. Ahora me acerco a una fortificación con hendiduras y salientes. Ando, otra vez, encorvado como un soldado al asalto. Me acerco sigiloso. Rodeo el promontorio y lo observo. Imagino cómo introducirme en el interior pero las fisuras son al modo de branquias para que respire la materia; da la sensación de que sirven para recuperar el oxígeno perdido en su compatibilidad. No creo que haya posibilidad de entrar y me atrevo a pensar que nadie habita en su interior. ¿Será un templo erigido en alabanza a lo inexpugnable? Impotente sigo mi avance.

Al cabo, atisbo en lontananza una torre maciza, una especie de castillo roquero. Saco los prismáticos y observo que tiene algunos orificios en su mitad superior. Después, desde una colina, me doy cuenta de que en lo alto hay un agujero como una tobera cúbica hacia adentro. Sigo el avance. Cada vez me siento más confiado. El paseo, mi aventura por el valle de los monumentos, va conquistando en mi interior un espacio hueco reservado al espíritu que sólo en ocasiones se ocupa. Camino. Me acerco. Recorro todo el perímetro palpando con mis manos la tierra erigida. Intento escalarla mas no puedo. Me alejo, me distancio y me siento a mirar otra vez lo inexpugnable. Contemplo las ventanas de Dios (como dice el proverbio checo, y según Kundera, los que contemplan las ventanas de Dios no se aburren; son felices). Pasa el tiempo y sigo mi recorrido, mi avance hacia el ignoto territorio. Me adentro en una zona boscosa. Camino entre grandes troncos. El ritmo de mis pisadas es pausado. De pronto, sobrecogido, veo una gran luminosidad, como un claro, donde un promontorio al modo de una construcción se intuye. Me acerco, temeroso como cuando era niño. No tiene chimenea pero sus paredes crean un halo de pureza que se expande como el humo. Hay una abertura, una puerta entreabierta. Todo ello es como una gran roca de tierra, de tierra compacta. Hay presiones y hendiduras que han desplazado a la materia. Se ve que ha sido trabajada. Diría que hace muchísimos años, siglos, quizá es de otra era. Me atrevo, en un arranque valiente, a meter la cabeza en la abertura y desaparezco al modo de un sueño. Después, no sabría decir el tiempo transcurrido, soy expulsado del interior como si la masa hubiese dejado de imantar, como si ya me hubiese concedido su poder. Entonces, me alejo, aturdido, raramente regocijado al igual que uno queda después de haber cumplido con su deber.

Salgo, por fin, de la frontera del bosque a la llanura. Mis ojos quedan súbitamente inundados por una suerte de fortificación; al parecer un fuerte impenetrable pues esa es la impresión que voy teniendo conforme progreso a su encuentro. Experimento un límite anterior a su emplazamiento, a su lugar. Un cerco en derredor que no me permite acercarme; como para salvarme de las andanadas que desde la fortaleza puedan alcanzarme. Y observo un pasadizo, un corredor de luz que atraviesa el fuerte.

Y pienso que es ese foco de luminosidad el que crea la distancia, el límite. Me mantengo en mi posición escuchando un rumor cual si un vacío o el silencio lo crease. Y así, como ante el altar, rezo una oración. Sólo pido inocencia.

Al principio, sin darme cuenta, únicamente miro el camino, a las piedras que lo conforman. Cuando alzo la vista, quedo cegado, sobrecogido. Monolitos surcados en su superficie por formas dibujadas en pintura negra se plantan por la llanura. No puedo avanzar.

Quedo en suspenso. Siento como si en este lugar pudiera sorprenderme algo superior. Las formas dibujadas buscan un equilibrio en sus tensiones opuestas. Desean armónicamente destensar esa oposición. Pasa el tiempo y descubro allí el número tres, el número divino. Sin más, me abandono a la pura contemplación. Al cabo, duermo.

Enseguida me veo entrando en un cuarto lleno de luz blanca, luz mediterránea. Soy pequeño y vuelo. Me poso, sin que él se dé cuenta, en su fuerte hombro. Enfrente, dos ventanas rectangulares permiten ver al fondo, entre árboles, el azul del mar. Una suite para cello de Bach suena en la habitación. Él, Eduardo Chillida, en camiseta de atleta, arma sentado ante su gran mesa baja, papeles. Me quedo observando, desde mi atalaya, su mano lenta. Los recorta. La materia es rápida y él muy preciso traza curvas y rectas. Veo en la mesa un libro. Es *El Poema de Parménides*.

De pronto, se abre una puerta y un golpe de viento me arranca de su hombro. Penosamente consigo dirigir el vuelo hacia una pared que llama de forma poderosa mi atención. Papeles colgados, en una combinación de blanco y negro, gravitan unos con otros ensamblados por cuerdas. Aquí, ya no soy dueño de mi dirección y soy atraído hacia una zona donde los remolinos de aire me meten en los espacios superpuestos que se agitan y me veo envuelto en olas de papel que van lamiendo la orilla, los bordes de arena de playas. Y voy pasando de un paisaje a otro parecido pero diferente, donde el oleaje, el aire y la arena juegan al límite de sus contactos.

En otro arranque de aire, me encuentro en una parte donde las concavidades, los orificios, son hacia adentro. El agua se introduce en los agujeros de las rocas. Y soy arrastrado por las olas e introducido por sus laberínticas oquedades. Una corriente me conduce al interior, adentro. Y viajo por los espacios intersticiales. Siento un gran cobijo, podría decirse que maternal, y cuando parece que todo es oscuridad y el espacio infinito, un haz de luz del exterior se vislumbra al fondo. En un momento, ese hueco me absorbe y me expulsa hacia el aire libre. Respiro hondamente mientras describo un arco en mi vuelo.

Caigo como un meteorito en aguas turbulentas. Me debato, lucho y en el momento en que ya exhausto me rindo, una corriente benefactora me conduce hacia los puertos que gravitan en una luz negra. Sus acogedores muelles en sus cobijadoras geometrías me rodean mientras una luz blanca también, calienta mi cuerpo sin branquias.

Todo es calma. Todo es vacío. Todo es silencio.

Como si yo estuviese en lo antiguo, una voz lejana va recorriendo el camino y haciéndose más nítida mientras llega salvando la historia. Es una voz de niño que nos llama.

Texto escrito por Eduardo Iglesias
para el catálogo de la exposición «Terres et gravitations»
de Eduardo Chillida en la Galeria Lelong de París (1995).

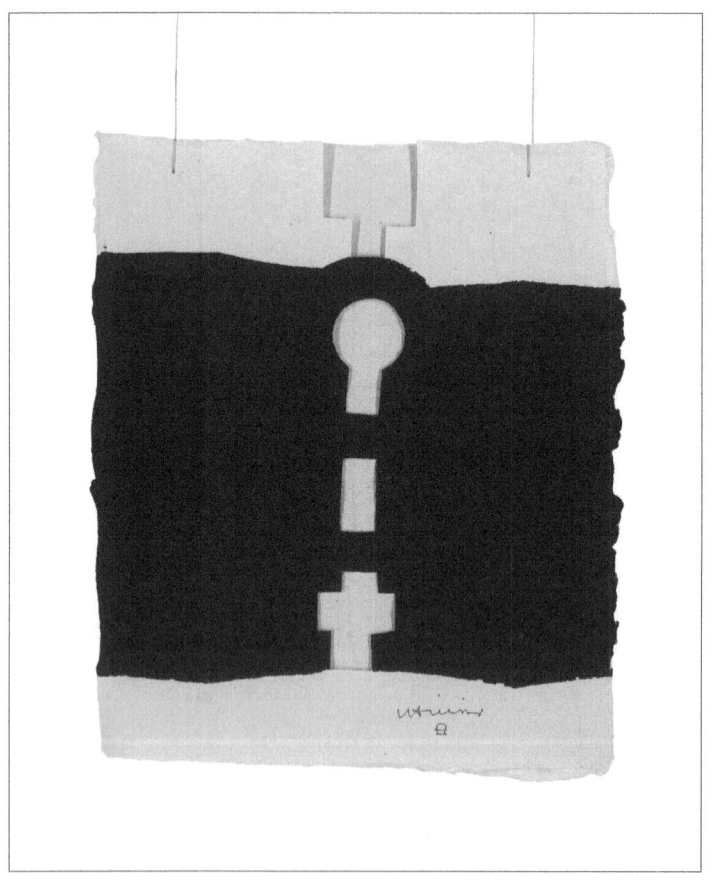

Sin título (1991)

Prosa errática y poemas caídos del cielo

No hagas que el presente
se convierta en otra cosa.
No intentes razonar
lo que va llegando.
Deja que el poso
de lo emocionante
avance y avance.

Verano de lo poemático.
Antítesis de lo narrativo.
Gracia de la esencia marítima
que todo lo tiñe de un sentir
de branquias aterciopeladas
por las algas subacuáticas.

La profundidad marina
otorga
el enigma de la invisibilidad.
Ese patente desconocimiento
de lo que allí ocurre.
Tal como un ciego la miraría
suponiendo, incrédulo,
semejante masa de poder.

La mar, majestuosa.
Me arrodillo ante su altar
y espero.
Y espero
su gracia insobornable
ante el cadalso final.

Escucho lo que me rodea.
Homenajeo a Chillida.
Todo me habla.
Permanezco expectante.
Percepción.
La emoción brinca primero.
El corazón exige.
La razón se diluye
y lo inexplicable
aparece en palabras
que cuido,
no las someto;
libremente se expanden,
como un espíritu,
haciendo su aparición
en un elástico intelecto.

Las nubes
son la algarabía del cielo.
Lo pintan de blanco con la libertad del arte.

Sus formas
esculpen
un fondo azul
con la sorpresa de un presente continuo
que varía en función del viento antojadizo.

No puede nadie aproximarse a la creación
ni realizar nada profundo
sin el capricho,
la propia fantasía.

La naturaleza es audaz,
valiente,
arriesgada.
También el juego del arte.

Y yo, aquí, con mis prismáticos
acercándome la realidad a los morros,
me quedo patidifuso
y a la vez confuso
ante la técnica de la aproximación
de estos gemelos esteros-copiados.

Una lombriz mira al cielo y yo la veo.

Ella, la naturaleza, me apuntala.
Sólo en mi mirarla me mantengo.
No necesito hablar de ella.
La contemplación, sin duda.

Gaviotas, seres felices.
Nadie las caza,
ni las bendice.
Entre mares
y peces,
libres.
Están,
vuelan,
surcan el aire
como si nada las inquietase.
Trashumantes de su propia dignidad.

Atardecer de estío.
Luz de una reflexión moral
que sucede.
Y la belleza mece,
después,
hacia un acontecimiento casual.

Cada vez que veo un velero
y las velas desplegadas en sus mástiles,
reniego de los yates de recreo
que con sus furiosas estelas
mecen al sol los cuerpos
derrengados, despatarrados
de los bañistas de pacotilla.
Veraneantes en pandilla.

Soy un pirata entre los piratas.
Desbanco y desfalco a los facinerosos de yates,
aburridos en sus poltronas,
rodeados de hombres y mujeres al sol
como lagartos y lagartas vendidos al mejor postor.

Es preferible que viva un niño sirio
que un emir árabe en su barco de recreo.
Es preferible que mueran
los que sólo piensan en el artificio de la diversión.
Pues la vida les es tan poco necesaria como la muerte.

El hastío del estío con sus fiestas
es el desmoronamiento del imperio.
Un día aparecerán los bárbaros
y los colgarán
borrachas y borrachos
del palo mayor.
Y ni se darán cuenta,
ni notarán su hedor,
pues dormirán el sueño
de los imbéciles.

El calor hace
que las ideas suden
gota
a gota.
La inocurrencia del estío.
Hastío de lo que acontece.
Y de vez en cuando
un barco,
también,
aburrido de navegar.

A las gaviotas
no las matan los hombres con sus carabinas.
Libres en su aleteo
mecido por el viento.
Eterno disfrute.
Y viven bien su natural discreción.

No las matan los hombres con sus carabinas.
Cazadores turísticos, escopeteros del ruido.
Matan por el placer de matar.
Escupen por el placer de escupir.
Odian por el placer de odiar.

Animales muertos
en sus cacerías de postín.
Ahítos sus estómagos de tanto comer.
Gordos escopeteros,
esperando a sus presas
escondidos en sus ilustres madrigueras.

Ricos de pólvora:
¿Cómo se mira a un animal
abatido por tus propios disparos?

En la penumbra de lo etéreo
llegan ideas malquistadas.
Cual meteoritos se precipitan
invadiendo mi estar (y mi cuerpo).
Rabias indirectas como de soslayo
caen del firmamento.
Sombras y luna.
Necesito agua, agua de un nevero
en la cima de una montaña perfecta.

Consistencia del malestar latente.
Evidencia de la inconsistencia de la vida.
¿Lucharemos a brazo partido
por idealizar las historias banales,
divertidas,
recreativas?

La gente llega al Paraíso
y también se va.
Como aves migratorias
que se deben a su trabajo.

Vacaciones estivales acabadas.
Otra vez el Paraíso.

Tarde macilenta
que a mí llega
recordándome
el deseo infinito
y ese goce carnal
que en ocasiones asoma
como un vergel
al cual asirse
para reverdecer otra vez.

Quatre Vents en obras.
La casa a mi espalda
detrás, cubriendo mi retirada,
espera su cuidado.
Como una mujer después del parto,
dolorida y contenta,
y con inocencia todavía dentro.
¿Resistirá los embates del tiempo
cuando yo la mire en la noche
desde el firmamento?

Construyendo una casa
no entiendo los desacuerdos
que descalabran la memoria
de acontecimientos y compromisos.
Se reavivan los sucesos
y se repiten los acuerdos,
posponiendo las fechas
que se posponen a otras fechas
por poca honorabilidad.
Y volvemos a discutir.
Una incomprensión
que sólo responde
a un único y obligado culpable:
El constructor deconstruido
de la casa memorable.

Anti-caos.
La luz del atardecer
mancha de claro los troncos
recortándolos en múltiples aspectos brillantes
que otorgan al gran jardín
una estructura proporcionada
de insignes formas
en las que el mundo se ennoblece
olvidando el caos.

La casa reluciente.
Un mar profundo
de olas que lo rizan de blanco.
Un viento fenicio del Este
que mece la vida y los árboles
de un azul celeste.
La tarde sonríe
como la casa,
vivaz y reluciente.
Me siento bien
sabiendo
que el horizonte
siempre reclama lo mismo:
su contemplación.

Veredas del sitio
que excéntricamente se pierden
por zonas boscosas
menos ajardinadas
que el cerco de la casa obliga.
Itinerarios serpenteantes entre las rocas,
que los marcan y delimitan
para no llegar a ningún lugar.
Sendas, quizá, de purgatorio,
no necesitadas de un fin
sino únicamente de su recorrido.
Los caminos de Susi.

Territorio inexplorado.
Plantas, arbustos, árboles
crecen en el suelo profundo.
Serruchos, tijeras,
cortadoras, machetes,
manos, brazos,
interés, voluntad y deseo
ante lo desconocido.
Aventura íntima
de conectar con la naturaleza próxima
y sus ramas,
unas vivificantes y otras,
que convirtiéndose en maraña,
piden su desalojo,
pues su cometido ya cumplido
requiere la oxigenación
de una jardinería exenta de ornato.

Ramas creciendo hacia abajo.
Al contrario que la mayoría de sus compañeras,
no se apiñan hacia arriba buscando la luz;
la encuentran mirando al suelo.
El cielo no las alimenta.
Es el sol crepuscular
quien las mantiene despiertas
y resguardadas de los vientos.

Menorca en noviembre.
Un mar reventado por las olas.
Un viento de arrecife.
Unas ramas que crujen.
Una tierra desnuda,
picuda como sus rocas,
sus piedras milenarias,
resistiendo los embates del tiempo,
victoriosa ante los imperios.
¡Oh! Isla navegante
en un mar reventado por las olas.

Las copas de los árboles
aguantan el cielo y sus caprichos,
como una taula sirve
para la ofrenda sin tiempo hacia las alturas,
en un intento de sujetar ese aire, esos vientos,
que azotan la isla que navega en el Mediterráneo.

Los barcos cabecean
en su azarosa elección
de la ola.
Gracia de la mar
de fondo.
Gracia de la mar
gruesa.
Gracia de la mar
en su oscuro azul de viento.

No se escribe
sobre la complacencia
de un mar resplandeciente.
Se escribe
sobre la incertidumbre
de un mar oscurecido
por la ausencia de luz.

Pesa la pluma en mi mano.
Pluma que escribe
en el azul cobalto
del mar.
En latitudes profundas,
no prefiguradas.
Intentando ver,
descubrir ese color
que nos anima
a vivir.

En lo cotidiano
está la sorpresa.
No busques
cómo se oculta la luna
en un eclipse.
Mírala en cualquiera
de sus esplendores.
Busca en lo más cercano.
Olvida lo lejano,
a no ser que en ello
esté la imaginación.

Tres troncos unidos homenajean al lugar.
Ungidos por el fuego.
Estrépito de lluvia y granizo.
El cielo abriendo sus compuertas.
Es ya de noche.
Las llamas se defienden.
El agua arrecia.
Los espartanos troncos combaten juntos
como una falange en la batalla ante el gran ejército,
que desde las orientales alturas persas llega.
Los troncos arden, resisten.
Ningún embate enemigo los derrota.
Pasa la noche.
Se consume la negrura.
Y los troncos refulgen todavía en la aurora.

Una bota en el fuego.
Arde a medias.
No tiene razón de estar.
Cubre la mística terrena
de la necesidad del mendigo
de ser libre y testigo
de la burguesía del bienestar.
Lumbre, arrojo y pena
que no condena del pasar.

Tristeza al sentir la partida.
El horizonte parece querer decirme:
quédate.
Su línea marcada, amiga de mis ojos.
Ellos la miran con la tranquilidad de lo fiable.
No hay exigencia.
Admiración por lo expresado.
La unión desarrollada en tantos días de contemplación.
Una mariposa se posa en el brazo cobijador de mi hijo.
La forja de una amistad.
Lo primigenio.

Me gustaría ser un ave.
Ave rapaz.
Águila o halcón.
Capaces de observar hieráticas su territorio
y volar a favor del viento.
Admiro, también, las aves migratorias.
Me ilusionan.
Me invade su valentía.
Capaces de cruzar de un continente a otro.
Mas soy más apto
para captar un territorio menos vasto
y sentirme dueño de mis actos.

Hacia algún lugar.
El sol me inunda
desde las alturas.
Avanzamos a poniente.
Sensación de plenitud,
de que nada es diferente
a nada.
De que todo
es todo.
No hay excepción.

De un lado
al otro de la tierra.
De un lado
al otro del universo.
Todo significa lo mismo.
Somos uno
en una magnificencia infinita.
Contemplación, aceptación, redención.
Rendición sin excusas.
No hay queja ante la vastedad.

Somos naturaleza.

Nubes y claros.
Montañas y mares.
Mi mirada.
La lejanía
es un factor
de profundas dimensiones.
La cercanía
es un factor
de tensas y terrenales irreflexiones.
El velo y el descubrimiento.
Imaginación y deslumbramiento.
Suena el silencio.
Suenan las trompetas.
Las nubes resplandecen
blancas, blanquísimas.
Equilibrio en la soledad
de lo mirado y visitado.
Las hojas caen y nacen
en el implacable e inexistente factor
llamado tiempo.

Aeropuertos.
Gente, gente, gente.
Ganados aturdidos se quitan la ropa.
Descalzos, sudan.
¡Portátiles fuera! ¡Cinturones fuera!
¡Arriba las manos!
¿Qué lleva en los bolsillos?
¡En su mano izquierda!
Hombres, mujeres y niños.
Tratado del mundo actual.
Servidores del orden.
Control de mando.
Poder inmediato.
Policías engreídos.
Concesión absurda del mundo moderno.
Angustia y miedo.
Salimos del túnel.
Por fin, contentos.
Celebramos nuestra libertad.
¡Un sándwich! ¡Una Coca-Cola!
¡Vino y *champagne*!
Momento imbatible.

El emisario retorna
de su ilusionado viaje
habiendo cumplido un objetivo.
¿Qué iluminaria
le guiará en su regreso?
¿Qué ilusión cumplirá su deseo?
¿Otro viaje?
¿Permanecer en su hogar
cumpliendo sus quehaceres?
¿Será capaz de esperar
a que la muerte lo llame
como cualquier ser
que no ha sido llamado a ser
un emisario?
La verdadera aventura.

Paseo apocalíptico.
Excrementos en el cauce de un río sin agua.
Lagunas resecas en el planeta tierra.
Tubos hincándose en las profundidades marinas.
Paraísos artificiales invadiendo los mares.
Defunción, defunción, defunción.
Más cuota de mercado.
Crecemos, crecemos y nos multiplicamos.
Otros decrecen, decrecen y se desintegran.
El juego infraterno se multiplica
y las hordas famélicas se pasean por los bordes.
Hemos acabado, dios de las tinieblas.
No juego a ese juego sucio.

El hombre invade lo salvaje.

La naturaleza se ordena apoyándose, majestuosa,
en su supuesta indefensión ante el hombre.
Desecho de su propia individualidad,
dejado al correr del sistema,
sin conciencia,
clausurando sus neuronas
al saber,
al conocimiento de lo que acontece,
sin responsabilidad personal.
Como a un niño
al que le llevan sumiso
de la mano
a la escuela.

Viviste a lo grande
sin saber.

Sucedió lo impredecible:
un mundo hostil
de maneras y riberas,
con almohadas de plástico,
sucedáneos de barbecho,
perdidas las cosechas.
Un clima hostil.

Viviste a lo grande
sin saber.

Lugares lúgubres.
Oficinas como cementerios.
Sin espíritu, sin conciencia.
Almas perdidas se albergan
en esos suburbios de lo intrascendente.
La vulgaridad husmea
como un perro los orines
en las esquinas,
donde la productividad
construye en metálico
el sistema linfático del mundo.

Tumbado veo cortar el aire
a pájaros de diferente plumaje.
Las hojas en lo alto
me conceden cobijo.
Sé que la naturaleza
es mi amiga de siempre.
Hoy está, ayer estuvo.
No condenemos lo más preciado
a salvajes ciudadanos,
a urbanitas de tres al cuarto.
Recortemos sus columnas,
sus capiteles,
sus sucios y enormes edificios
empapelados de dinero
como papiros de estos tiempos.
Tiempos que exigen
una demolición
del capitalismo rampante.

Hierba buena y mala hierba.
Así le sucede a la humanidad entera.
Mujeres buenas y malas,
necias y sorprendidas.
Hombres malos y buenos,
necios y malcriados.
Mujeres insensibles y maleducadas.
Hombres brutos y salvajes.
Nadie escapa de ser malquerida
ni nadie escapa de ser malquerido.
En la audacia está el juego
y en el maltrato la desdicha.

En todas las personas me veo.
Desperdicio de una guerra.
Somos una humanidad desintegrada.
Sin confianza, ni seso.
No por estar perdidos
sino por vivir divididos.
Por el orgullo, la opulencia,
la desgracia, la pobreza.
Sin ninguna riqueza
de virtud ni de espíritu.
Ya lo dijo Chaves Nogales:
Da igual el extremo que elijas
pero nunca te dirijas
a una guerra sin cuartel.

Todo es de todos
menos cosas intocables.
La infancia, la adolescencia,
la conciencia de un crecer.
La experiencia de los años transcurridos
como nubes que se alejan
en el corcel de la memoria,
que tampoco es de todos,
sino de uno mismo
incluso también.

Poeta de la niñez
que no añoro
pero a la vez acuno,
sin saber por qué ni cómo,
en un delirio desconocido,
que llega de continuo,
al igual que las olas a la orilla
en la playa de la desnudez.

Desde lo antiguo
llega una plegaria
hacia lo desconocido.
Qué discreción
en la ausencia de queja,
desnuda como siempre
en ese vacío de porvenir,
sin saber tan siquiera qué decir.
El mundo.

No mentir,
salir victorioso
desde una humilde prisión.
Sin desdén.
Caminando tranquilo.
Peace and love.
Dulce tradición.
No traición.
A nadie le debes nada.
Mira en tu interior
y la verdad te será revelada
como un fruto de tu alma.
Viviendo lo que hay.
No se necesita más.
Compromiso con uno mismo.

Y otra vez Menorca.
Verano de veranos.
Calor.
Mar.

Sucesión de los mismos presagios.
Comienzo del aburrimiento
que poco a poco
crea un elixir en el alma
que enaltece el lugar,
como si sólo el permanecer
fuese su única condición.

Sueño, de pronto, con el invierno.
El frío estar de madrugadas simbólicas
que nacen de lo gélido,
de un bienestar prematuro
antes de que la primavera irrumpa.
Y sueño, entonces, con el verano.

Sucesión del tiempo.
Sucesión de las estaciones.
Y sueño con el otoño
como ese tiempo
que convierte el emplazamiento
en un refugio donde abrigarse
para continuar el sueño eterno,
lo que acontece con sigilo
como única representación de lo vivido.

La sonrisa es la brisa del mar.
El efluvio cariñoso
de un dulce conectar
con lo otro,
con los otros.
Habitar sin juicios.
Acoger la paciencia
como símbolo
del tenue bienestar:
Vivir.

Creo en mí como el animal que soy.
Aprovecho el viento
para guiarme, para jugar.
Creo en mí como la persona que soy.
Aprovecho mis debilidades
para dudar, para avanzar.
Creo en mí como el alma que soy.
Aprovecho mis emociones
para conocerme, para conocerte.
Creo en mí como el espíritu que soy.
Aprovecho mis sentidos
para imaginar, para intuir.
Y reconozco que soy y no soy.

No me interesan las construcciones.
No me interesan las revoluciones.
Sólo me interesa mi rebeldía.

La macro conciencia deriva en el delirio.
Elixir de fatuos sin dentellada.

Sueño con utopías.
Utopías cercanas,
íntimas de deleite espiritual y corporal.

Soy un monje entre los que no lo son.
Aterrados pobladores
que viven pegados en poblaciones aterradas
y ellas mismas atestadas de pobladores
que no quieren ser incivilizados,
pues la civilización es lo sagrado:
Ausencia de lo salvaje
en el sentido más profundo
de la libertad perdida.
Me tranquiliza mi refugio,
mi soledad entre lo más querido.
Únicamente me seduce
esa mirada perdida
en los márgenes naturales,
en los muros vacíos de la abstracción.

Y el mar, y el mar, y el mar.

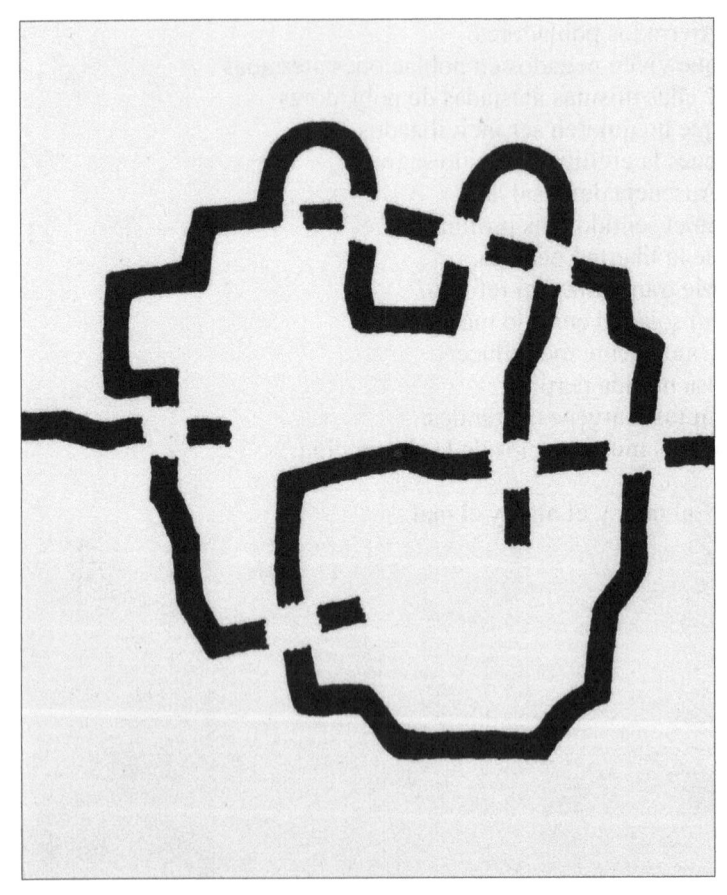

Sin título (1995)

La isla que navega por nuestro interior

Hablando desde mi posición como mujer de un escritor, diré que acompañar a quien se sumerge a diario en lo desconocido con ánimo de aventura requiere paciencia y respeto. Es un entrenamiento amoroso hecho de tiempos de espera. Cada día se llena con una carga de ilusión renovada para quien es meramente testigo de un avance. Mas no. Ser testigo es algo más que ser meramente testigo; es ser parte del viaje. Eso es lo que siento que he sido desde que el viaje literario de Eduardo Iglesias comenzó hace ya tantas décadas. Éramos muy jóvenes y sus novelas, remedando la vida, ampliaban nuestros horizontes y nos hacían crecer. Testigos de ese viaje fueron también mis padres. Ella, que hubo de superar muchos miedos antes de aceptar que su novio cambiara el paso desde la arquitectura hacia la escultura, era para entonces una ardiente defensora de las artes todas. Él, seguramente se veía reflejado en aquel joven inocente y animoso que los había llevado a conocer y estaba lleno de preguntas. Ambos seguían sus aventuras sin perder detalle. Fuimos compañeros de viaje y de nuestro mutuo amor surgieron enseñanzas que moldearon nuestra manera de ver y ocupar el mundo.

El poemario que el lector tiene entre sus manos fue una sorpresa que la pandemia propició en Eduardo Iglesias. El lugar en el que decidimos refugiarnos, tan pronto las autoridades lo permitieron, fue el que le abocó a un cambio como escritor. Quatre Vents, la casa familiar menorquina de Eduardo Chillida y Pilar Belzunce durante los veranos, tras distintos avatares, se había convertido en nuestra casa familiar y la amábamos. Era y es un espacio de tierra y de mar, un territorio íntimo, una isla dentro de una isla, capaz de albergar sueños diversos para quien habita los lugares con calma.

Entre los dos Eduardos hubo una complicidad notable desde que se conocieron. En Menorca habíamos compartido con mis padres infinidad de buenos momentos. Allí, estando ambos alejados de sus habituales lugares de vida y trabajo, frente a una tierra y un mar distintos a los ya conocidos y sabiéndose acompañados de otro inventor de sueños posibles —e igualmente amante del deporte—, la conversación fluía entre ellos de un modo especial que nosotras disfrutábamos sobremanera. Todos aprendíamos de todos. ¿Puedo decir que los echáramos de menos aquel año en particular? En realidad, no. Llevábamos invertido ya mucho trabajo en aquella casa antigua. Y todavía hoy su presencia en las cosas, en los rincones interiores y exteriores, en los árboles, en las plantas y en los caminos que ellos antes habían hollado... se nos hace evidente y nos acompaña al trabajar.

Si en Menorca Eduardo padre había encontrado un descanso del trabajo colaborativo con ayudantes, necesario para realizar sus grandes obras, y se había decantado por trabajos plenamente individuales como la realización de tierras y gravitaciones que él consideraba como música de cámara, allí, Eduardo Iglesias encontró durante ese año completo que pasamos en Quatre Vents algo de algún modo similar: un descanso de los personajes de ficción que había ido tejiendo con su pluma durante años. Su alma buscó más dentro de sí mismo, deseó bucear más profundo y cedió ante lo que hasta ese momento había sido una resistencia mantenida: cayó en la poesía sin casi ser consciente de ello. Mis hijos y yo lo veíamos afanándose bajo la sombra de una encina, su mirada perdida en el horizonte, abstraído de todo y de todos. Fue un verano perfecto de armonía. De vez en cuando nos leía sus escritos con placer y así lo conocíamos mejor. Luego llegó el invierno. Y el frío, lejos de amilanarlo, lo mantenía aún más vivo. Un grueso abrigo y un pequeño fuego sobre un pebetero de hierro colocado en la terraza, cerca de la vieja mesa verde en que escribía, lo alentaban. Perdió casi el apetito. Pero no la sed. Acunado por el rumor de las olas y el viento, bajo el orbe inmenso, se llenaba de sensaciones y palabras que surgían sin ser llamadas. Fueron tiempos muy hermosos de *poemas caídos del cielo* que a todos nos alimentaban. Y yo, entretanto, rememoraba mi vida con mis padres en lo que más tarde se convirtió en su biografía conjunta: *Una vida para el arte.*

Todo esto le debemos a Menorca, la isla que navega por nuestro interior cargada de misterio y plena de apertura y de paz.

Susana Chillida